El Camino Hacia el Crecimiento y la Paz Interior

Dr. Alberto J. Morales Aponte

Publicación y propósito

Este libro ha sido publicado, el 5 de marzo de 2020, a través, de la plataforma de Amazon. El mismo ha sido escrito por el Dr. Alberto José Morales Aponte, el cual se desempeña como psicólogo, además de poseer una preparación en intervenciones en crisis, con sobre 12 años de experiencia. Este libro tiene como propósito, servir de inspiración y motivación, al lector, con la finalidad de que cuando culmine el mismo, desarrolle un enfoque positivo, ante las situaciones que se presentan diariamente.

Derechos de autor

Todos los derechos de este libro, le pertenecen única y exclusivamente, al Dr. Alberto José Morales Aponte. Está determinantemente prohibido la copia total o parcial del mismo. Toda copia debe y tiene que ser autorizada por el Dr. Alberto J. Morales Aponte, de lo contrario, estaría violando los derechos de autor.

¿De qué trata este libro?

Este es un libro de automotivación, cuyo propósito es el ayudar a crecer a uno de manera espiritual y emocionalmente. Este libro tiene varios ejercicios que te ayudarán a alcanzar ese camino que tanto has buscado y anhelado, de paz y amor.

ÍNDICE

- Instrúyete

- Refuerzos positivos y negativos

- Mecanismos de defensa y sabotaje

- El tiempo de purificación

- El estrés negativo y positivo

- El sueño

- Las neuronas

- Dieta

- Ejercicio físico y mental

- Eliminación de vicios y atracción de cosas positivas

- Eliminación de amistades vampiro y atracción de amistades positivas

- Alejarte y dejar de frecuentar lugares negativos y acercarte a lugares positivos

- Ejercicios de relajación

- Has el bien, sin mirar a quien

- Los tropiezos y caídas

- Si no estás bien tú, no podrás ayudar a otros

- Nada mejor que tener paz y ser libre

Descripción del autor

El Dr. Morales, es licenciado en psicología y posee un bachillerato, maestría y doctorado en dicha área, otorgado en la Universidad Interamericana de Puerto Rico, también posee una maestría en gerencia de recursos humanos, conferida de la Universidad del Turabo, ubicada en Puerto Rico. El Dr. Morales tiene sobre 16 años de experiencia en el campo de la salud mental, donde ha laborado en múltiples hospitales psiquiátricos, programas especializados en intervención en crisis, centros de salud mental, escuelas y organizaciones tanto privadas como públicas. Se encuentra preparado en el campo de la psicología, administración de empresas, intervenciones en crisis, manejo de conflicto, administración de pruebas psicológicas e intereses vocacionales, rehabilitación en adicciones (jugadores compulsivos, adicción a sustancias).

Ha publicados varios artículos, en revistas, periódicos regionales y nacionales, también ha sido reconocido por su extraordinaria labor, en varias organizaciones y recientemente como el 1 de julio de 2016, fue reconocido por su extraordinaria labor como manejador de crisis, por el Secretario de Estado de Puerto Rico, el Honorable Sr. Víctor A. Suárez Meléndez y el Gobernador de Puerto Rico, el Honorable Lcdo. Alejandro García Padilla.

Algunas publicaciones llevadas a cabo por

Dr. Alberto Morales Aponte

Periódicos:

Morales, A. (2013, December 19). La Depresión en Tiempos de Navidad. La Semana. Retrieved from http://www.lasemana.com/ediciones_pdf/2629.pdf

Morales, A. (2013, December 19). La Depresión en Tiempos de Navidad. El Nuevo Periódico.

Morales, A. (2016, April 9). Como Manejar el Estrés de las Planillas. El Nuevo Día. Retrieved from http://www.elnuevodia.com/estilosdevida/saludyejerci cios/nota/comomanejarelestresdelasplanillas-2184588/

Morales, A. (2016, August 3). Beneficios de Jugar

Pokémon Go. El Nuevo Día. Retrieved from

https://www.facebook.com/dialog/share?app_id=739890

446035192&href=http%3a%2f%2ffw.to%2fYS1vAPm

&display=popup&redirect_uri=http://login.elnuevodia.

com/GS/bookmark.aspx?close=true

Morales, A. (2017, January 25). El Suicidio es Prevenible.

El Nuevo Día. Retrieved from

http://www.elnuevodia.com/opinion/columnas/elsuicidio

esprevenible-columna-2284524/

Morales, A. (2017, February 10). Cuando el Bullying se

Convierte en Rating. El Nuevo Día. Retrieved from

http://www.elnuevodia.com/opinion/columnas/cuandoel

bullyingseconvierteenrating-columna-2289957/

Morales, A. (2017, February 28). Condena a la violencia a nombre de Dios. El Nuevo Día. Retrieved from http://www.elnuevodia.com/opinion/columnas/condenaalaviolenciaanombrededios-columna-2296211/

Morales, A. (2017, March 9). ¿Como Domar el Estrés de las Planillas? El Nuevo Día. Retrieved from http://www.elnuevodia.com/opinion/columnas/comodomarelestresdelasplanillas-columna-2299021/

Morales, A. (2017, March 9). La Fiebre de Ser Rubio. El Nuevo Día. Retrieved from http://www.elnuevodia.com/opinion/columnas/lafiebredeserrubio-columna-2301600/

Morales, A. (2017, March 16). Quemazón Laboral. El Nuevo Día. Retrieved from http://www.elnuevodia.com/opinion/columnas/quemazonlaboral-columna-2301423/

Morales, A. (2017, March 31). El Exhibicionismo en la Playa. El Nuevo Día. Retrieved from http://www.elnuevodia.com/opinion/columnas/elexhibicionismoenlaplaya-columna-2306122/

Morales, A. (2017, April 11). La Conducta Violenta en el Escenario Laboral. El Nuevo Día. Retrieved from http://www.elnuevodia.com/opinion/columnas/laconductaviolentaenelescenariolaboral-columna-2309845/

Morales, A. (2017, April 20). No Podemos Ser Cómplices del "Bullying. El Nuevo Día. Retrieved from http://www.elnuevodia.com/opinion/columnas/nopodemossercomplicesdelbullying-columna-2312945/

Morales, A. (2017, May 4). La Fuga de Psiquiatras en Puerto Rico. El Nuevo Día. Retrieved from http://www.elnuevodia.com/opinion/columnas/lafugadepsiquiatrasenpuertorico-columna-2317939/

Morales, A. (2017, July 4). ¿Qué es la Alienación Parental? El Nuevo Día. Retrieved from https://www.elnuevodia.com/opinion/columnas/queesl aalineacionparental-columna-2337286/#comments

Morales, A. (2017, July 19). Golf para Mejorar la Salud. El Nuevo Día. Retrieved from https://www.elnuevodia.com/opinion/columnas/golfpa ramejorarlasalud-columna-2341764/

Morales, A. (2017, July 31). Discrimen de Trump Contra los Soldados Transgénero. El Nuevo Día. Retrieved from https://www.elnuevodia.com/opinion/columnas/discri mendetrumpcontralossoldadostransgenero-columna-2345120/

Morales, A. (2017, August 10). 6 Recomendaciones para el Regreso a la Escuela. El Nuevo Día. Retrieved from

https://www.elnuevodia.com/opinion/columnas/6reco
mendacionesparaelregresoalaescuela-columna-
2347895/

Morales, A. (2017, August 16). A Crear Escudos Contra el
Acoso Escolar. El Nuevo Día. Retrieved from
https://www.elnuevodia.com/opinion/columnas/acreares
cudoscontraelacosoescolar-columna-2349548/

Morales, A. (2017, September 5). A Vencer la Ansiedad
Ante el Desafío de la Tempestad. El Nuevo Día. Retrieved
from
https://www.elnuevodia.com/opinion/columnas/avencerl
aansiedadanteeldesafiodelatempestad-columna-
2355028/

Morales, A. (2017, September 14). El Gran Valor de la
Vida y la Ayuda para Preservarla" El Nuevo Día. Retrieved
from
https://www.elnuevodia.com/opinion/columnas/elgranva
lordelavidaylaayudaparapreservarla-columna-2357679/

Morales, A. (2017, September 14). Decepción para los Fanáticos. El Nuevo Día. Retrieved from https://www.elnuevodia.com/opinion/columnas/decepcionp aralosfanaticos-columna-2358621/

Morales, A. (2017, October 4). Lo que María Nos Devolvió. El Nuevo Día. Retrieved from https://www.elnuevodia.com/opinion/columnas/loque marianosdevolvio-columna-2363253/#comments

Morales, A. (2017, October 18). La Salud Mental Luego del Golpe del Huracán. El Nuevo Día. Retrieved from https://www.elnuevodia.com/opinion/columnas/lasalu dmentaldespuesdelgolpedelhuracan-columna-2367210/

Morales, A. (2017, November 17). Urge Atención Ante el Riesgo de Conductas Suicidas. El Nuevo Día. Retrieved from https://www.elnuevodia.com/opinion/columnas/urgeatenc ionanteelriesgodeconductassuicidas-columna-2375318/

Morales, A. (2017, December 12). El Acoso Sexual y el

Abuso de Poder. El Nuevo Día. Retrieved from

https://www.elnuevodia.com/opinion/columnas/elacos

osexualyelabusodepoder-columna-2381660/\

Morales, A. (2018, February 14). El Día de San Valentín

que se Tornó en Tragedia. El Nuevo Día. Retrieved from

https://www.elnuevodia.com/opinion/columnas/eldiade

sanvalentinquesetornoentragedia-columna-2399300/

Morales, A. (2018, March 22). Estrés Postraumático Ante

la Nueva Época de Huracanes. Retrieve from

https://www.elnuevodia.com/opinion/columnas/estres

postraumaticoantenuevaepocadehuracanes-columna-

2408623/

Morales, A. (2018, April 6). 10 Estrategias para Lidiar con el Estrés de las Planillas. El Nuevo Día. Retrieved from

https://www.elnuevodia.com/opinion/columnas/10estrategiasparalidiarconelestresdelasplanillas-columna-2412524/

Morales, A. (2018, June 19). Urge atención para preservar vidas. El Nuevo Día. Retrieved from

https://www.elnuevodia.com/opinion/columnas/urgeatencionparapreservarvidas-columna-2429608/

Morales, A. (2018, September 11, 2018). Como reducir la ansiedad causada por huracanes. El Nuevo Día. Retrieved from

https://www.elnuevodia.com/opinion/columnas/comoreducirlaansiedadcausadaporhuracanes-columna-2446643/

Morales, A. (2020, April 16, 2020). Alternativas para

Canalizar las Emociones Durante el Encierro. El Nuevo.

Retrieved from

https://www.elnuevodia.com/opinion/columnas/alternati

vasparacanalizaremocionesduranteelencierro-columna-

2561682/

Revistas:

Morales, A. (2014, February). Este Año No Seré Más

Una Víctima de Violencia Doméstica. En Salud, 6, 18.

Retrived from

http://ensalud.net/ediciones/0806_febrero_2014/files/

assets/basic-html/page18.html

Morales, A. (2014, August 8). Lidiando con el

"Bullying". En Salud. Retrieved from

http://ensalud.net/lidiando-con-el-bullying/

Morales, A. (2015, May 5). Las Artes Marciales Como

Método De Modificación De Conducta. En Salud.

Retrieved from http://ensalud.net/las-artes-

marcialescomo-metodo-de-modificacion-de-

conducta/

Morales, A. (2015, June 23). El Alcohol y Sus

Consecuencias en los Jóvenes. En Salud. Retrieved from

http://ensalud.net/el-alcohol-y-sus-consecuencias-en-

los-jovenes/

Morales, A. (2016, January 26). ¿Cómo se Afectan los

Hijos Ante la Pérdida o Separación de Sus Padres?

Medicina y Salud Pública. Retrieved from

http://www.medicinaysaludpublica.com/como-se-

afectan-los-hijos-ante-la-perdida-o-separacion-de-

sus-padres/

Morales, A. (2016, February). ¿Cómo se Afectan los

Hijos Ante la Pérdida o Separación de Sus Padres? En

Salud. Retrieved from z133, 20. Retrieved

http://ensalud.net/ediciones/septiembre_2016/files/a

ssets/basic-html/page-20.html

Morales, A. (2016, December). El Suicidio y la Salud

Mental en Puerto Rico". En Salud. Retrieved

http://ensalud.net/ediciones/diciembre_2016/diciem

bre2016.html#6

Morales, A. (2017, May 1). El Futuro de la Psicología en Puerto Rico y a Nivel Mundial. En Salud. Retrieved from http://ensalud.net/el-futuro-de-la-psicologia-en-puerto-rico-y-a-nivel-mundial/

Morales, A. (2017, May 3). El Reto de la Ballena Azul". En Salud. Retrieved from http://ensalud.net/que-es-el-reto-de-la-ballena-azul/

Morales, A. (2017, June 1). Cómo Ayudar a un Adolescente Emocional o Psicológicamente". En Salud. Retrieved from http://ensalud.net/ediciones/junio_2017/junio2017.html#27/z

Dedicatoria

Dedico esta obra a mis padres quienes me han apoyado para poder llegar a esta culminación de mis estudios, ya que ellos siempre han estado presentes para animarme en cada ocasión que los he necesitado. Sin importar si llegaban cansados de sus trabajos, siempre tenían una sonrisa que ofrecerme. Las ayudas que me han brindado han formado bases de gran importancia; ahora soy consciente de eso. Muchas gracias a ambos, especialmente a mi padre que sé que desde el cielo se encuentra celebrando esta victoria conmigo.

Agradecimientos

El agradecimiento de este escrito es principalmente a Dios quien me ha guiado y me ha dado fortaleza para seguir adelante, cada vez que así lo necesité. También quiero agradecerles a todas las personas que han influido en mi vida, logrando crear un cambio en mi persona en cuanto a mis pensamientos, metas e ideales, especialmente a mis padres y seres amados, por quienes he llegado a obtener los conocimientos necesarios para poder desarrollar este libro motivacional, los cuales creyeron en mí y me apoyaron en esta y otras travesías. Este libro tiene como propósito el ayudar a alcanzar nuestras metas y el poder ser una mejor persona durante este recorrido. A través de esta obra, podrás conocerte mejor, entender cómo mejorar algunos aspectos de tu vida, además de poder organizarte de manera más efectiva, permitiendo que estructures tu vida de una manera asertiva. El enfoque en el cual se encuentra escrito este libro, es una sencillo y fácil de entender, escrito de manera adrede por el autor, para simplificar el entendimiento del lector y de esta manera también motivarlo a continuar la lectura de esta obra motivacional. Todo se resume a que al final de este libro, el lector se sienta positivo y con deseos de no tan solo ayudarse a sí mismo, sino también a otros alcanzar sus metas, ya que en eso estriba la felicidad de la humanidad, en ayudarse los unos a los otros y de manera de bumerang esta ayuda y felicidad, volverá a quien la originó.

Tú controlas tus metas y solo tú eres dueño de tu destino.

Dr. A.J. Morales Aponte

Auto-descripción actual y visualización futura

En esta parte, debes hacer una descripción de cómo te ves y como piensas que te ven los demás. Es muy importante auto-reflexionar sobre tu imagen, ya que no tan solo lo harás de forma física o externa, sino más bien interna, de esta manera podrás tener mucho más claro y preciso las cosas que quieres realmente modificar en ti. Un ejercicio que podrías realizar, lo es el anotar en tu libreta de crecimiento personal, lo siguiente: divide una página en la mitad y anota en la mitad de la izquierda, del 1 al 10, las cosas que te hacen sentir mal de ti como, por ejemplo: Soy un vago, no me gusta ir a la escuela, no me gusta escuchar, no hago ejercicio, tengo malos hábitos alimentarios, no paso tiempo suficiente con mis seres queridos, consumo demasiado alcohol o drogas, entre otros. También podrías preguntarles a tus amistades, que cosas ellos creen debes modificar, esto es solo a amistades positivas y que entiendas quieran lo mejor para ti. Ahora realizarás un ejercicio similar, pero en el área derecha de esa página, donde anotarás de forma positiva (antónimo), de todo aquello que te hace sentir mal de ti, por ejemplo: Soy trabajador, Soy estudioso, escucho a los demás, me ejercito con frecuencia, mantengo una dieta balanceada, dedico tiempo valioso a mis seres queridos, no hago uso de alcohol o drogas, etc. De esta forma empezarás a auto programarte y auto-visualizarte y podrás comenzar el camino hacia el crecimiento y la paz interior, conociéndote mejor y abriéndote a un nuevo comienzo. Cada día debes ver el lado derecho de esta página y encaminarte a lograr cada una de estas áreas que mencionaste. Es bueno tener un diario donde puedas reflexionar al comienzo del día, anotando lo que harás para lograr tu visualización futura y luego en la noche antes de acostarte, reflexionar y anotar en el mismo diario, lo que hiciste o realizaste durante el día, luego de reflexionar, para alcanzar tu visualización futura, de esta forma se convertirá en un hábito y en una costumbre, ya que de esta forma es que el ser humano actúa.

Auto-programación

La auto-programación, no es más que el proceso de re-programar tus pensamientos, tu psiquis y tu cognición. Desde que estamos en el vientre de nuestra madre, nos van programando desde la genética, ya que heredamos muchos de los comportamientos de nuestros padres, luego continuamos con sus hábitos alimenticios, la forma de pensar, los gestos, comportamiento corporal y manera de actuar de estos ante la sociedad y ellos mismos. Hay quienes heredan y copian conductas positivas, pero hay quienes heredan y copian conductas negativas, como lo son malos hábitos de ejercicio, alimentación, higiene, educación, entre otros. En otros casos también heredamos los vicios y adicciones de nuestra madre y padre, a estos utilizar sustancias alcohólicas, drogas, tabaco, entre otros, ya que a través del torrente sanguíneo todas estas sustancias pasan por el cordón umbilical, el cual conecta al feto con su madre y también lo conecta con todo lo que ella ingiere, se alimenta y consume. Estudios revelan como el uso de drogas y alcohol por parte de la madre, en el periodo de embarazo y lactancia, afecta desde el feto y luego se refleja en la criatura al nacer, a esta presentar en la escuela problemas de aprendizaje, memoria y cognición, también reflejándose en diagnósticos psiquiátricos como hiperactividad y déficit de atención, entre muchos más.

Otra forma de adquirir comportamientos positivos o negativos, adaptándolos a nuestra personalidad, ser y persona, lo es a través de prestar atención a otros y no solo de nuestros padres, debido a que aprendemos por modelaje y observación. Observando a otros, a personas que convertimos en nuestros modelos (personajes de series de televisión, películas, novelas, maestros, vecinos, tíos, amistades), sea por una u otra razón de la vida, de esa forma empezamos de forma inconsciente a desarrollar el mismo comportamiento, hábitos y costumbre que pudimos apreciar de este modelo. En casos positivos, se podría hacer referencia de un niño al cual se le enseño ser paciente, caritativo, respetuoso, responsable y trabajador, desarrollándose en una figura de bien ante la sociedad, convirtiéndose en un buen maestro, abogado, médico o un policía, al reflejar este aprendizaje de su desarrollo, al haber estudiado y posteriormente dedicarse a una de las profesiones antes mencionadas, sin limitarse a solo estas. En un caso negativo podría mencionar un niño que vivió una infancia tormentosa al ver a su padre golpear a su madre constantemente, mientras se encontraba intoxicado por los efectos del alcohol o drogas, sin tener una educación apropiada o ejemplos dignos y morales a seguir, terminando en su adultez, realizando los mismos actos, hábitos y costumbres que efectuaba su padre, ya que este fue el modelo que tuvo en esta etapa de vida y posteriormente en otras etapas.

Todas estas características que heredamos de nuestros padres o copiamos de modelos, influyen en nosotros a través de la vida, pero no nos determinan, ya que tenemos en nuestro ser, el poder de re-programarnos y poder romper con patrones, costumbres y hábitos que hemos desarrollado por dichas situaciones, a través de nuestra vida. No obstante, no debes responsabilizar a nadie por la vida que tienes actualmente, solo a tu eres responsable de tu vida y eres responsable de cambiar la misma, educándote lo más que puedas y tomando decisiones buenas, maduras y responsables.

Verás que la auto programación te ayudará a organizarte tanto en tu vida diaria como en tus pensamientos y decisiones. La auto programación será la manera en que podrás sintonizarte para poder lograr completar, y alcanzar las cosas que tanto has deseado, pero no has logrado por una u otra razón que no comprendías, hasta ahora, ya que está en ti el poder alcanzar las mismas, simplemente debes tomar tu tiempo y analizar, para luego estructurarte y llegar a ese objetivo que deseas alcanzar. Recuerda que tú tienes el poder de alcanzar todo lo que te propongas.

El Tiempo

El tiempo no, es más que el espacio que transcurre un suceso entre otro. Muchas personas recurren a la excusa de indicar no tener tiempo para realizar una u otra tarea o actividad, como, por ejemplo: hacer ejercicio físico, caminar, leer, practicar algún deporte o pasa tiempo, o simplemente hacer las cosas que le agradan. El tiempo lo controlas tú y nadie más que tú, es por esta razón que tú puedes decidir en que utilizarlo y en que invertirlo, las excusas deben ser algo del pasado, luego de leer este libro, ya que el propósito del mismo es que aprendas a controlar el tiempo e invertirlo de manera sensata y en beneficio de tu salud mental.

El estrés es una condición mental que debe tratarse incluso antes de que esta te controle. El estrés no es bueno o malo, sin embargo, puede provocar efectos negativos, tanto positivos en nuestro sistema y en nuestra vida, sin embargo, este tema se discutirá con más profundidad más adelante. El motivo del porque menciono el estrés en este tema del tiempo, es porque uno debe programar el tiempo disponible que se tiene, para realizar tareas que te produzcan una sensación de relajamiento, bienestar y gozo, ya que una persona que no realice actividades como método de desahogo, puede ir llenándose de estrés, estrés y estrés, hasta el punto que este se presenta de manera sicosomática, provocando cansancio, dolor, entumecimiento del cuerpo, dolor de cabeza y cuerpo, disociación, pérdida de memoria, caída del cabello, ataque cardiaco y cerebral, entre otras cosas. El estrés mata, si no se canaliza de la manera adecuada y si no se atiende a tiempo, ya que puede convertirse en un "asesino silencioso".

Ejercicio para Canalizar el Tiempo de Manera Efectiva

Hora	Actividad
7:00am	Levantarme y arreglarme
7:30am	Hacerme el desayuno
8:30am	Salir de la casa para llevar a cabo las actividades que deseo realizar.
9:00 – 10:00am	Ir al gimnasio
10:30am- 12:00pm	Llegar a casa, para bañarme almorzar y arreglarme, para salir.
12:30pm- 1:30pm	Hacer compras al supermercado.
2:00pm – 3:45pm	Llegar a casa para acomodar la compra y descansar un rato.
4:00pm - 6:00pm	Ir al centro comercial para caminar y pasar el rato.
6:00pm	Cenar.
6:30pm – 9:00pm	Ver una película en el cine.
10:00pm	Llegar a casa y descasar, ya sea viendo televisión o meditando.

11:00pm	Acostarme para dormir y descansar.

Pensamiento Positivo y Re-programador

A través del pensamiento positivo, es que vamos moldeando y programando nuestra forma de pensar, nuestra cognición, nuestra psiquis. Luego de programar nuestra psiquis, entonces es que empezamos a realizar actos positivos hacia nosotros y hacia los demás, empezamos a realizar modificaciones que necesitamos en nuestra vida, las cuales, por ende, repercutirán de forma positiva en nosotros y los seres que nos rodean. Al pensar positivamente, te irás sintiendo mejor mentalmente y físicamente, ya que le estarás enviando un mensaje a tu cerebro, de que todo se encuentra bien, de esta forma el cerebro aumentará los niveles de endorfinas y serotonina, los cuales son neurotransmisores que se encuentran asociados a la depresión, cuando sus niveles se encuentran bajos y altos cuando sientes felicidad. De la misma forma, cuando piensas negativamente, le están enviando un mensaje a tu cerebro de que todo está mal y este aumentará los niveles de ansiedad, estrés y a su vez disminuirá los niveles de serotonina y endorfinas, causándote depresión. Cuando te encuentras con niveles altos de ansiedad, estrés y en una profunda depresión, no puedes concentrarte y por ende no puedes buscar soluciones a problemas tan simples que pudieras resolver en cualquier otro momento. Una técnica que puedes utilizar cuando desees sentirte bien es la siguiente: cuando estés viendo una película y pase una escena que te cause risa o felicidad, con el dedo índice y el dedo del centro de cada mano, tócate de forma circular y simultánea, el área de cada lado de tu frente, por 5 segundos aproximadamente, con tus dos manos, de esta forma tu cerebro reconocerá que siempre que hagas ese movimiento, estarás feliz y de esta forma activará los mismos neurotransmisores que activó en el momento que estaba ocurriendo la situación de felicidad por la cual te tocaste los lados de tu frente . Esta técnica es basada en el comportamiento condicionado e incondicionado, el cual establece que ante una situación alegre (estimulo condicionado) y que te provoque felicidad (respuesta incondicionada), debes de forma simultánea e inmediata realizar alguna acción (estimulo neutro), donde luego esta última gestión, posteriormente al cabo de realizarla varias veces, se convertirá en un estímulo condicionado, con una respuesta condicionada, ante dicho estímulo, donde al tocarte el lado de tu frente, sin tener ese estímulo condicionado, seguirás sintiendo felicidad.

Situación de felicidad = escena feliz de película= (estímulo condicionado)

Tocarte el lado de la frente = (estímulo neutro), que luego de varias veces se convierte en un estímulo condicionado.

Sentir felicidad luego de tocarte el lado de la frente (respuesta condicionada).

El ángulo y la Manera en que Observas las Situaciones

El ángulo y la manera en que observas las situaciones, influenciará en la toma de decisiones y la manera en que vez el mundo que te rodea. Una misma situación en particular, que les ocurra a diferentes personas, tendrá reacciones diferentes y particulares cada una de ellas, esto es debido a que cada persona le dará la interpretación, según sus experiencias de vida, pensamiento y madurez. Por ejemplo: Dos personas se encuentran en el cine, sentados en la última fila, ambas se percatan de que un caballero se encuentra utilizando su dispositivo móvil, a una de las personas le afectó, molestándole debido a que la película iba a comenzar y entendió que esta persona era un desconsiderado, la otra le afectó de diferente manera, ya que entendió que todavía la película no había comenzado y que por tal razón no era un suceso importante. A ambas personas le afectó la situación antes discutida, de diferentes maneras, simplemente cada una le dio la importancia y consideración que según cada uno debía de darle, de tal manera en la vida ocurren situaciones que nos afectan de manera particular, las cuales para algunas personas, pueden ser situaciones significativas, pero para otras son situaciones que nos afectan negativamente, al punto de no poder prestar atención a otras situaciones, creándonos conflictos y molestias, todo depende del ángulo y la manera de observar, interpretar y valorizar cada situación que se te presente en la vida. Hay cosas y situaciones que requieren una prioridad y otras que se deben posponer o no prestarle tanta intención, para esto hay un ejercicio que puedes realizar, el cual nombré "Orden de prioridades", el cual muestro a continuación.

Ejercicio

ORDEN DE PRIORIDADES

Instrucciones: Haz una lista en orden de prioridades, desde la más importante, hasta la menos importante, esto te ayudará a organizarte y a tener un día más efectivo.

ACTIVIDAD	HORA
Ir al médico	7:00AM
Hacer la compra	10:00AM A 11:00AM
Recortar la grama	12:00PM A 1:00PM
Hacer ejercicio	2:00PM A 3:00PM
Ir al cine	6:00PM A 8:00PM

Resoluciones

Las resoluciones son nuestro norte, es lo que nos proveerá la dirección correcta de a dónde queremos llegar y hacia lo que queremos convertirnos como persona. Antes de comenzar a desarrollar ideas sobre dichas resoluciones y antes que las plasmes en una hoja, primero debes tener en cuenta las siguientes reglas o normas: las resoluciones son metas que deben ser realistas, a corto plazo, positivas, que te hagan crecer como persona y que no le hagan daño a nadie. Con estas resoluciones, lo que deseas es que tu vida sea mejor cada día más, llegar a ser una mejor persona y evolucionar en el ámbito físico, espiritual e intelectual. ¿Por qué las resoluciones deben ser realistas, a que se refiere con esto? Una resolución realista lo es para una persona que no hace ejercicio físico, el realizar esta actividad, tres días a la semana por un lapso de 30 minutos, durante 1 mes, luego al completar esta resolución y meta, irás poco a poco aumentando la cantidad de ejercicio en cuanto a duración, actividad y tiempo. Una resolución poco realista lo sería, hacer ejercicio 7 días por semana, con una duración de 2 horas, durante tres meses. Al proponerte cumplir resoluciones o metas irrealistas y no poder lograrlas, lo que harás es frustrarte, desconcertarte y perder el propósito de lo que son las mismas, proveerte un norte. Al realizar resoluciones o metas realistas, terminarás completándolas, reforzándote positivamente tus intenciones y deseos de lo que quieres lograr, de esta manera subirás tu autoestima, deseo y ganas de continuar en el camino hacia el crecimiento y paz interior.

Debes empezar a realizar una tabla la cual se encuentre dividida en tres columnas, donde en la primera columna, indiques la meta que deseas realizar, en la segunda columna, indicarás la fecha en que comenzarás la misma, luego en la tercera columna, la fecha que piensas completar la dicha resolución. Puedes desarrollar esta tabla, anotando varias resoluciones, aunque yo en lo personal recomiendo escribir no más de 10 y seguir desarrollando estas, luego de completarlas, ya que, si escribes demasiadas, caerás en el efecto de sobre cargarte y posteriormente frustrarte al no completarlas. Recuerda cómo te mencioné anteriormente, debes ser realista, además de persistente y dedicado.

Ejercicio

METAS Y RESOLUCIONES		
Meta	Comienzo	Terminación
Hacer ejercicio (30 minutos, tres días a la semana)	1 de enero	1 de febrero
Comenzar dieta (bajar 10 libras)	1 de enero	1 de febrero
Dejar de consumir alcohol	1 de enero	1 de febrero
Dejar de fumar	1 de enero	15 de enero
Leer un libro	1 de febrero	1 de marzo

El Perdón

El perdón es muy importante cuando estés contemplando iniciar este camino de crecimiento y la paz interior, debido a que el odio a quien solo le hará daño, es solo a ti, ya que la persona que odias, no le afectará dicho sentimiento en lo absoluto y a ti si, al sentir los efectos psicosomáticos en tu cuerpo, reflejados en dolores de cabeza, ansiedad, estrés, tristeza, hasta en cáncer y otros padecimientos. El rencor puede consumir una gran parte de tu vida e incluso privarte de la felicidad, lo cual no queremos que ocurra. El perdón te ayudará a crecer como persona, sintiéndote mucho mejor tanto de manera física como mental, ya que el rencor es como el peso que tiene un bulto que estas cargando, entre menor rencor, más liviano es el peso que cargarás. Desiste de ese rencor que lo que te producirá es un peso que en algún momento no podrás cargar más, un peso que te provocará mucho dolor y angustia, un peso que posiblemente te quite años de vida y te alejará de los seres que te aman y de oportunidades que se te presentarán en la vida para el bien tuyo y de tus seres cercanos. Es por estas razones que debes actuar de manera inmediata impidiéndole al rencor, continuar en tu vida, elimínalo con prontitud y tu vida cambiará positivamente, dando un giro de 180 grados, hacia el bien y la felicidad.

Hay un ejercicio muy básico, que he llevado en mi práctica profesional en varias ocasiones, el cual permite a la persona, eliminar el rencor que tiene hacia él o hacia otra persona, la misma trata de la siguiente manera:

Ejercicio:

Anotar en un globo inflado con helio, con un marcador el cual la tinta se pueda adherir al mismo (sin desinflarlo o explotarlo), los diferentes rencores que tengas hacia ti u otras personas o situaciones que te han afectado negativamente en tu vida. El orden en que anotarás dichos rencores, odios o situaciones de las que no te sientes bien, irán de mayor a menor, en cuanto a la importancia que le otorgues a cada rencor. Luego de escribir en el globo, los diferentes rencores que tengas, dirás en voz alta las siguientes palabras: "Perdonando a estas personas, me perdono a mi sobre todo y me libero de estas cadenas que no me han dejado desarrollarme en mi totalidad como persona, ahora soy libre para comenzar el camino hacia el crecimiento y la paz interior". De esta forma te estarás liberando de todas las cadenas emocionales que no te han permitido crecer y superarte cómo has querido hacerlo, ya que tú tienes la capacidad para lograrlo, pero no has sabido cómo.

Este mismo ejercicio puedes realizarlo con una hoja de papel, la cual sustituirás por el globo y en ella anotarás los rencores y odios que tienes en tu ser, luego de manera segura, la ubicarás en algún lugar no inflamable y la quemarás, ya sea con una cerilla o un encendedor, todo esto con mucha precaución. Mientras te encuentres realizando el ritual antes descrito, dirás en voz alta las siguientes palabras: "Perdonando a estas personas, me perdono a mi sobre todo y me libero de estas cadenas que no me han dejado desarrollarme en mi totalidad como persona, ahora soy libre para comenzar el camino hacia el crecimiento y la paz interior".

Karma

El karma no es nada más que lo que recibirás según lo que cosechas, también podría interpretarse como las consecuencias de tus actos. Esta explicación básica y sencilla lo que compete es simplificar este término, de manera que se nos haga más sencillo su aplicación en nuestra vida, en nuestro diario. Las acciones que realizas a diario, tendrán repercusiones por toda la eternidad, así mismo, por el resto de tu vida y sucesivamente la vida de tus sucesores y otras personas. Cada acción tiene u efecto dominó que hace que ocurran otras cosas, por más simples que sean. Es por tal razón que uno siempre debe estar consciente de que el karma existe y es un hecho. Debes enfocarte en realizar acciones siempre a tu favor y hacia el bien de los demás, ya que el bien que hagas, se te rebotará en algún momento. Suena un poco cursi o trillado lo que estoy exponiendo en este argumento, pero si te pones a analizarlo entenderás que es una realidad, es por eso que te exhorto a que el día de hoy comiences a hacer las modificaciones necesarias en tu vida, para ser una mejor persona, esto puede ser tan simple como comenzar a decir buenos días al llegar a un lugar, abrirle la puerta al que así 1 necesite, o simplemente regalarle una sonrisa a esa persona que se voltee a mirarte. Las acciones dicen mucho de ti como persona, es por tal razón que los demás se acordaran de las mismas cuando necesites ayuda en algún momento, lo cual todos necesitamos lo queramos o no, ya que es ley de vida.

El día de hoy comenzarás con hacer una lista de cuantas veces diste gracias, abriste una puerta, saludaste o sonreíste, esta lista te ayudará a ver tu progreso y como fuiste modificando tu manera de ser y como los demás comenzaron a verte. Créeme, esto si funciona y lo verás según vayas haciendo las modificaciones necesarias para ser un mejor tú.

Ejemplo de Lista de Modificaciones:

(En este ejercicio puedes añadir más números o páginas, si así lo deseas).

ACCIONES POSITIVAS DURANTE EL DÍA (Ej. Abrirle la puerta a alguien, sonreír, saludar, ayudar a alguien que necesite de tu ayuda).	ACCIONES NEGATIVAS (Ej. Mirar mal a alguien, insultos, groserías, cosas que interpretes como negativas).	COMO ME SENTÍ (Estado emocional que sentiste luego de cada acción que identificaste).

Reflexión: (escribe al final del día, como te sentiste luego de realizar las acciones anteriores, y que debes hacer para que el día de mañana te sientas mejor, según entiendas).		

La Importancia de Dar y Ofrecer

La importancia de dar y ofrecer, es el cambio que provocarás hacia otras personas, este cambio es uno positivo y el cual continuará una cadena, la cual se perpetuará sumando eslabones. El bien se multiplica y mientras más bien realices, más se reproducirá el mismo, ya que otras personas continuarán copiando dicha acción. Recuerda cómo te mencioné anteriormente, el karma es como un bumerang, se vuelve a ti en algún momento, cuando menos te lo imagines, por tal razón este bumerang debe estar lleno de las oportunidades y cargas positivas que sembraste con tus acciones hacia otras personas. Nunca esperes nada de vuelta, ya que cuando recibas algo positivo, será como un regalo no esperado, el cual te provocará felicidad y entusiasmo, sin embargo, si siempre esperas algo de reconocimiento o recompensa, estarás desvirtuando el verdadero propósito de lo que es el camino hacia el crecimiento y la felicidad, el cual es hacer este mundo uno mejor, al igual que uno mismo. Si siempre esperas algo de vuelta, te sentirás muy pronto decepcionado.

Instrúyete y Edúcate

El conocimiento es poder y es la herramienta que más te ayudará en tu vida, el mismo te servirá como aliado para enfrentar diferentes situaciones que se presenten en tu vida, ya que todas las situaciones tienen cosas en común, solo hay que saber cómo lidiar con ellas y sin conocimiento no podrás hacerlo. El conocimiento se puede obtener de diferentes maneras, de forma autodidacta, adquiriendo un libro sobre algún tema en particular y aprendiendo del mismo por iniciativa propia, viendo documentales o películas sobre temas particulares o ya sea inscribiéndote en algún curso donde puedas adquirir el conocimiento que desees, a través de algún instructor o maestro. El conocimiento y comprensión de diferentes temas, materias y es una herramienta que nadie te la quitará y podrás hacer uso de ella en todo momento que así lo necesites, si le regalas un pescado a alguien que no sabe pescar, comerá por esa ocasión, pero si le enseñas a pescar, comerá por siempre.

No todas las personas aprenden de la misma manera, es por tal razón que debes buscar la manera y analizar las opciones antes mencionadas, para instruirte y aprender de los temas que te interesen. Entre más conocimiento tengas de diferentes cosas, mejor preparado estrás para enfrentar las situaciones que puedan surgirte en la vida, también de la misma te conocerás mejor, por lo tanto, podrás lidiar de manera efectiva con tus emociones.

Refuerzos Positivos y Negativos

Los refuerzos son cualquier estímulo que aumentan o disminuyen la probabilidad de que una conducta se repita en el futuro. Hay dos tipos de estímulos, los cuales son los estímulos positivos y los estímulos negativos. En el caso de los estímulos positivos, estos son los que aumentarían la probabilidad de que una conducta se repita en el futuro, a diferencia del estímulo negativo, el cual disminuiría dicha probabilidad. Un ejemplo de un estímulo positivo, podría ser el cheque recibido luego de una quincena de una jornada laboral, ya que al recibir este estimulo (paga u honorarios), deseas seguir laborando, para que, en la próxima quincena o paga, recibas otro cheque. Un ejemplo de un estímulo negativo podría ser el recibir una infracción o multa de tránsito, luego de haber excedido el límite de velocidad en una autopista o carretera, de esta forma evitarás en otra ocasión conducir a exceso de velocidad, para no recibir otra infracción por parte de la policía. Otro estímulo negativo podría ser una reprimenda laboral, o amonestación, ya sea verbal o escrita, por haber llegado

tarde a tu turno o jornada laboral.

De esta forma es que aprendemos a través de nuestra vida, por refuerzos positivos y negativos, ahora está en nosotros recompensarnos de dicha forma, ya sea luego de establecer unas metas y cumplirlas, yendo algún lugar que nos guste y celebrar dichos logros o el hacer algo que no nos guste, al no cumplir las metas que nos establecimos. El poder de los estímulos es muy eficaz, aunque parezca algo muy simple o sencillo, el auto reforzarse positivamente, trabaja en nuestro cerebro, aumentando nuestra autoestima, la confianza hacia nosotros mismos y la seguridad que sentiremos al realizar las tareas diarias, de la misma manera si nos castigamos o nos enviamos mensajes negativos como: soy un inútil, no puedo hacerlo, no sirvo, no debo intentarlo, no podré, solo nos estaremos saboteando y de esta manera nos cortaremos las alas que nos podrían ayudar a alcanzar las metas que deseamos lograr. Recuerda que solo tú eres el que te puedes limitar a alcanzar tus sueños, y solo tu tiene el poder de cambiar tu futuro, simplemente cambiando y reprogramando tus pensamientos.

79

Ejercicio de Auto Programación

Cada vez que tengas un pensamiento negativo o auto saboteador, cámbialo con un mensaje positivo, por ejemplo:

MENSAJE NEGATIVO	MENSAJE POSITIVO
NO PUEDO	TENGO TODA LA CAPACIDAD PARA ALCANZAR LAS METAS QUE ME PROPONGA.
SOY BRUTO	SI NO SE ALGO, VOY A BUSCAR INFORMACION, PARA ASI TENER EL CONOCIMIENTO QUE NECESITO.
NO SIRVO PARA NADA	TODO LO QUE ME PROPONGA LO PUEDO LOGRAR. LA PRACTICA

	HACE LA PERFCCION.
SIEMPRE HAGO LAS COSAS MAL	ENTRE MAS LO INTENTE, MAS CERCA ESTARE DE MI OBJETIVO. YO TENGO EL PODER PARA LOGRAR LO QUE ME PROPONGA.
ME MEREZCO LAS COSAS NEGATIVAS QUE ME SUCEDEN	NADIE DEBE MALTRATARME, NADIE DEBE HACERME DAÑO. SOY UNA PERSONA UNICA, CON MUCHAS HABILIDADES Y COSAS POSITIVAS PARA AOPRTAR.

Mecanismos de Defensa y Sabotaje

Los mecanismos de defensa son formas inconscientes que utilizamos, con el propósito de evitar que situaciones en las que nos sentimos mal, nos afecten nuestra psiquis (mente), haciéndonos sentir tristes, ansiosos o molestos.

El propósito de este capítulo es entender e identificar dichos mecanismos, para así no utilizarlos inconscientemente, ya que esto nos puede atrasar como persona, de la misma manera poder tomar ventaja de estos y utilizarlos a nuestro favor. A continuación, mencionaré solo algunos mecanismos de defensa, los cuales entiendo son necesarios que conozcas, ya que así te ayudarán a lograr completar el camino de la felicidad:

Negación – es cuando negamos alguna situación que no queremos nos afecte, por ejemplo, el fallecimiento de un familiar o una situación que sabemos es inminente y que terminará afectándonos.

Represión – es cuando reprimimos algún suceso doloroso y lo guardamos en el subconsciente, sin permitirnos recordar el mismo y evitando el que este nos afecte.

Proyección – es cuando proyectamos en otros, debilidades o inconformidades de nosotros mismos. Por ejemplo, decir que alguien es un egoísta, cuando realmente uno es el no quiere compartir algo y de esta forma quitas el foco o atención en ti y la vuelves en la persona del que estás hablando.

Desplazamiento - El desplazamiento es un mecanismo de defensa que denomino como excelente, y el cual recomiendo se lleve a cabo cuantas veces sea necesario, ya que a través del mismo puedes lograr canalizar tus sentimientos desplazándolos de manera controlada y efectiva hacia otro lugar. Este mecanismo de defensa puede ser utilizado, por ejemplo, cuando te sientas enojado o frustrado, puedes golpear un saco de boxeo, un cojín o algo parecido, de esta manera te sentirás más tranquilo y relajado, ya que la energía negativa que tenías en tu interior, la cual no te deja pensar con claridad y te ancla para no alcanzar tus metas y deseos, la vas desplazando, liberándote te la misma, sin hacerte daño a ti o a otra persona. De la misma manera puedes desplazar la energía negativa, corriendo, caminando, realizando algún tipo de ejercicio físico, tarea o actividad de tu agrado, también puedes practicar yoga o meditación, los cuales son excelentes para la canalización de emociones. Está en ti identificar la manera de canalización y desplazamiento de energía negativa, para convertirla en positiva, recuerda siempre, de manera en la cual no le hagas daño a nadie.

Formación reactiva

El Tiempo de Purificación

El tiempo de purificación, es un período en donde reflexionamos sobre las cosas que hemos hecho bien y nos han hecho sentir positivos, de la misma forma reflexionamos sobre las cosas negativas, las cuales nos han hecho sentir mal, con coraje, ansiosos y con estrés. Este período de espacio debe llevarse a cabo luego de un lapso de tiempo predeterminado o luego de que haya ocurrido una o varias situaciones, las cuales nos han hecho sentir mal. Debemos realizar el ejercicio de reflexión y tomar decisiones ejecutivas o decisiones importantes, que se requieran en dicho momento dado. La intención de tomar estas decisiones es que nos ayuden a sentirnos mejor, haciendo que bajemos los niveles de ansiedad y estrés, de manera que podamos ver las cosas de manera más positiva y efectiva para nosotros. Entre algunas decisiones que podríamos tomar es la de alejarnos de algunas amistades, las cuales nos han hecho sentir que no podemos progresar en nuestra vida, en nuestra carrera, en nuestro crecimiento como persona, ser y profesional. Muchas veces estas amistades nos aguantan en nuestro crecimiento, al bombardearnos de comentarios negativos, cada vez que compartimos algún sueño o meta que deseamos realizar, al tener una ilusión, deseo o aspiración, ya que nos dicen que no lo podremos lograr, que eso no vale la pena, que eres muy viejo para ponerte hacer eso o que dicha aspiración, no tendrá un cambio significativo y positivo en nuestra vida. Este tipo de persona o vampiro de emociones, nos succiona la energía positiva que tenemos, al igual que succiona nuestros sueños, aspiraciones, autoestima y respeto hacia nosotros mismos. Este tipo de persona que puede ser un amigo el cual frecuentas constantemente, más que un amigo, termina siendo un enemigo, ya que te está saboteando tu futuro. Un ejercicio que puedes realizar es la balanza. A través de la balanza, vas a poder percatarte de las cosas positivas y diferenciarlas de las negativas, de forma muy sencilla y en la cual podrás crear una introspección muy positiva y a favor de tu futuro.

Ejemplo: En tu libreta, vas a dividir una página en dos partes, donde en el área izquierda escribirás las cosas positivas que hay en tu vida y las metas que deseas lograr en los próximos 6 meses, en el lado izquierdo anotarás las cosas negativas que te han ocurrido y la causa de esas cosas negativas, al igual que las personas que te han llevado o han influenciado a que este tipo de situaciones o cosas se hayan dado.

El Estrés Negativo y Positivo

El estrés se genera a raíz de una situación o incidente que hemos presenciado o nos ha ocurrido, dicha situación le hemos dado una interpretación en particular, la cual vemos de manera amplificada o simplemente no sabemos cómo resolver, es ahí cuando esta situación comienza a provocarnos cambios en nuestras emociones y sentimiento, provocándonos estrés y posteriormente ansiedad, si es que no resolvemos o lidiamos con la misma. Hay dos tipos de estrés, el estrés negativo, el cual ocurre cuando una situación nos imposibilita ver más allá y buscar soluciones a esa situación, cegándonos a tal punto de provocar tristeza, frustración, incapacidad, dificultad en la toma de decisiones, dificultad conciliando el sueño, pérdida de apetito. Por otra parte, está el estrés positivo, el cual de la misma manera ocurre ante una situación en particular que se nos presenta, pero que nos sirve para postularnos nuevas ideas y oportunidades de crecimiento y superación, aprendiendo de la misma, para futuras situaciones que se nos presenten. Un ejemplo de una situación de estrés positivo, lo puede ser el que el estrés de estudiar para un examen o reválida, donde canalizamos el mismo, de manera que estudiamos, nos preparamos y podemos posteriormente pasar dicha prueba de manera efectiva. Un caso de estrés negativo sería la misma situación, la cual no podemos canalizar apropiadamente, imposibilitando el estudiar y posteriormente fracasando la prueba. La importancia del estrés es utilizarlo a nuestro favor, permitiéndonos motivarnos a alcanzar unas metas, resolver unas situaciones y obtener todo el conocimiento que podamos absorber, a nuestro favor, para así volvernos más listos y sabios, para poder lidiar con otras situaciones que se nos presenten en el transcurso de nuestra vida.

El Sueño

A través del sueño y el descanso, generamos y recargamos energía, para poder continuar nuestra trayectoria en la vida, crear nuevos pensamientos, evitar sentirnos cansados y agotados. El sueño es esencial para poder sentirnos bien con nosotros mismos, nos permite ver más allá, rompiendo barreras que en ocasiones no permiten que sigamos creciendo como personas, evitando que desarrollemos nuestro entero potencial, impidiendo el que resolvamos nuestros conflictos y situaciones que se presentan a diario. A través del sueño, nuestra imaginación crea soluciones a problemas, ideas y cosas positivas.

Las Neuronas

Las neuronas se encuentran en el cerebro e incluso se ha especulado que se encuentran a través de nuestro cuerpo, las mismas afectan en nuestra manera de comportarnos, pensar y en nuestras emociones. Específicamente los neurotransmisores de serotonina y endorfina, son los asociados a la felicidad, una dieta balanceada, ejercicio y el realizar actividades de agrado, activan los mismos, generando sensación de alivio, placer y alegría. Un ejercicio que podrías realizar, es hacer una lista de actividades de tu agrado, que sean fáciles de llevar a cabo, de esta manera cuando te sientas desganado, triste, con estrés o molesto, puedas llevar a cabo sin ningún problema.

Ejemplo

ACTIVIDADES
Caminar
Leer un libro
Escuchar música
Correr bicicleta
Ir a la playa
Ver una película o programa de televisión
Llamar a línea de ayuda (Línea PAS / 1800-981-0023), para recibir desahogo y consejería
Meditación
Yoga
Realizar ejercicio

Dieta y Nutrición

Una dieta baja en grasa y balanceada, ayuda a que te sientas más contento, aliviado y con menos estrés. Debes siempre estar atento y consciente de lo que ingieres, ya que hay comidas altas en sodio, que te pueden provocar dolor de cabeza, altas en grasa que te pueden provocar cansancio y otras altas en cafeína, que te pondrán ansioso. La comida tiene un efecto importante en nuestras vidas, por tal razón debemos estar muy conscientes de este hecho y utilizarlo a nuestro favor.

Ejercicio Físico y Mental

El ejercicio puede ayudarte no tan solo a desarrollar masa muscular o a bajar de peso, sino que te proporcionará de una mejor condición física, tendrás más energía para realizar las tareas cotidianas y también otras cosas como tareas que requieran de más energía y esfuerzo. El ejercicio te hace sentir bien tanto física como mentalmente, proporcionándote un mejor ánimo y ganas de vivir y hacer cosas nuevas que nunca te has propuesto o no has tenido las ganas de aventurarte a hacer. Puedes empezar por caminar un par de cuadras, unos minutos al día y luego proponerte como meta comenzar a trotar, hasta al final correr un medio maratón, hasta completar un maratón en su totalidad. Está en ti las limitaciones y los logros que puedas o no alcanzar en tu vida, solo requiere de tomar una decisión para comenzar.

Eliminación de Vicios y Atracción de Cosas Positivas

Los vicios lo definimos en este libro como cosas negativas, las cuales realizas usualmente diaria o semanalmente, ocupando gran parte de tu vida, haciéndote luego sentir mal, bajándote la autoestima e incluso quedando mal ante los ojos de otras personas. El vicio te encarcela y te hace un esclavo del mismo, imposibilitándote de disfrutar de otras cosas y haciendo sufrir a otros seres que te aman y aprecian. Algunos ejemplos de vicios pueden ser: el alcohol, sustancias controladas y el uso o acción de cosas en particular, que no puedes controlar y terminan controlándote. Para romper la cadena del vicio, debes tomar una serie de pasos, los cuales te estaré presentando a continuación:

PASOS A TOMAR ANTE LA DECISIÓN DE ROMPER CON UN VICIO		
1 Paso	Reconocer que tienes un problema	Si no reconoces tener un problema, no cambiarás de actitud.
2 Paso	Tomar la decisión de confrontarlo	La toma de decisión te lleva a buscar esa ayuda que tantos necesitas, te lleva a comprometerte a realizar ese cambio de vida que tanto requieres.
3 Paso	Tomar acción al respecto	Debes trazarte un plan y unas metas para alcanzar ese propósito, eliminar amistades y lugares tóxicos, que no

		te hacen crecer como persona y superarte. Si sientes que necesitas más ayuda, no dudes de buscar ayuda a través de un psicólogo.

Eliminación de Amistades Vampiro y Atracción de Amistades Positivas (Alejarte y dejar de frecuentar lugares negativos y acercarte a lugares positivos).

Si hay algo que debes aprender de este libro, es que la vida se trata de cambios, cambios que se deben realizar para prosperar y alcanzar metas positivas que te hagan ser una mejor persona. Para lograr esas metas, en muchas ocasiones, debes de cambiar de ambiente, de lugares que frecuentas que no te ayudan a trascender en la vida, de la misma manera hay personas que te quitan la felicidad, te hacen sentir ansioso, te provocan estrés y tristeza, ese tipo de persona, debes ir alejándote de las mismas, para así sentirte mejor.

Una de las claves del éxito y la prosperidad, recae y se basa en realizar los cambios pertinentes en la vida. El cambiar de amistades y lugares que puedas frecuentar, podría tener un impacto muy positivo en tu vida, esto es si identificas el que esas amistades y lugares que frecuentas, te están absorbiendo gran parte de tu vida, provocándote tristeza, ansiedad, problemas, además de absorber tu energía. Para que trasciendas y comiences esa evolución positiva, debes comenzar a codearte de personas que admires, te sientas cómodo, bien y no te juzguen negativamente, sino que aporten a tu desarrollo y crecimiento como persona. Debes de alejarte una vez y por todas de lo que no te hace feliz, de lo que ancla a la desdicha e infelicidad. El cambio debe ser inmediato, no prolongarlo, debido a que mientras más tiempo pases con este tipo de persona, a la cual he nombrado amistades vampiro, debido a que te absorben la energía positiva, más tiempo tardarás en lograr tus metas y trascender hacia una mejor situación de vida. En este tipo de situación donde te alejas de una "amistad", puede que pases por un periodo de duelo, donde sentirás que pierdes algo, pero realmente lo que sucede es que te estás alejando de una persona a la que te habías acostumbrado, aceptando la situación de molestia, angustia y estrés que te estaba provocando este individuo, permitiéndole que te bajara la autoestima y controlara de cierto modo tu vida, no permitiéndote crecer como persona, manteniéndote en un círculo de incertidumbre y estancamiento. Si eres una persona que frecuentas barras, consumes alcohol constantemente, abusando del mismo, pasándote con personas que comparten preferencias parecidas, es posible que debas de hacer ese cambio que tanto necesitas, evalúate y toma ya la decisión para crecer y evolucionar.

Ejercicios de Relajación

El realizar ejercicios físicos, te puede ayudar en varios aspectos, tanto en el aspecto físico como el mental. Cada persona tiene una capacidad física, determinada o limitada por alguna condición física, médica, o por la edad, pero hay ejercicios y rutinas que se pueden adaptar a cada uno de los casos. Es importante que te evalúes sobre el nivel físico que tengas y a que ejercicios puedes someterte, esto lo puedes hacer de manera de auto evaluación o a través de un entrenador certificado, el cual te realizara una rutina de acuerdo a tus necesidades y basada en ti. El ejercicio te ayuda a sentirte más relajado, alegre y te mejora la condición física, cansándote con menos frecuencias y desarrollando

Has el Bien, Sin Mirar a Quien

Tanto las acciones positivas como las negativas, tienen el efecto de repercutir en la psiquis, afectando nuestras vidas, específicamente en nuestras emociones, en cómo nos sentimos. Al realizar una acción positiva, te vas a sentir de la misma manera, positivo y alegre, de la misma menara si haces una acción negativa, te sentirás molesto, cargado, ansioso, inseguro e inconforme con tu vida actual. No solamente uno hace acciones hacia las demás personas, uno también puede hacer acciones hacia uno mismo, por ejemplo, puedes hacer acciones positivas hacia tu persona, descansando, alimentándote bien, haciendo ejercicio, recompensándote con algo que te agrade y diciéndote cosas positivas, si haces este tipo de actividades y las complementas en tu estilo de vida, estarás llevando una vida sana, positiva, la cual te hará sentir mucho más relajado, positivo y de buen humor.

Los Tropiezos y Caídas

En la vida no hay errores, simplemente situaciones complejas, las cuales nos hacen crecer como personas, son oportunidades que nos hacen aprender y nos convierten en personas más sabias y consientes. Una persona que diga que nunca ha tropezado, es una persona que nunca ha intentado lograr alcanzar una meta, es una persona que se ha mantenido en el área cómoda, en un área de estancamiento, donde nunca evolucionará desarrollará su potencial. La vida es un riesgo, está en ti arriesgarte para triunfar, para alcanzar esa meta que tanto anhelas, no te sientas mal si tropiezas o si en algún momento en específico no logras alcanzar la misma, ya que esto no significa que fracásate, sino que aprendiste y lograste alcanzar adquirir conocimiento y experiencia, convirtiéndote en una persona más inteligente y sabia, para luego alcanzar el triunfo.

Negociación

La negociación es un proceso de todos los días, lo haces cuando quieres lograr alcanzar un propósito en tu vida, por ejemplo, si quieres ir al cine y tu pareja desea ver una película romántica y tu una película de acción, pero luego de discutirlo, terminan viendo una de comedia, porque a ambos le gusta en común dicho tipo o categoría de película, eso es una negociación, la cual favoreció y redujo diferencias entre ambos. La vida de por si se trata de constantes negociaciones y a través de las mismas, se logra alcanzar un proceso de aprendizaje. El proceso de negociación es muy importante, porque a través de este proceso, puedes decidir en tu vida, no simplemente tomar y aceptar lo que se te ofrece, por tal razón debes de decidir, no aceptar de primera instancia lo que la vida te da. La decisión es una herramienta de vida, muy efectiva, si está consciente de la misma, si la practicas y si la llevas a cabo, recuérdate que está en ti el hacer uso de la misma.

Si No Estás Bien, No Podrás Ayudar a Otros

Cuando en tu vida hay desorden, desequilibrio y problemas constantes, se te dificultará la toma de decisiones, el pensar con claridad y el ser asertivo, de la misma manera te incapacitará a ser efectivo aconsejando o ayudando a otros y relacionarte con los demás, aunque así quisieras hacerlo, ya que no estás viendo las cosas desde una perspectiva amplia y clara, debido a todos los conflictos sin resolver que te nublan tus decisiones, siendo estas decisiones que podrían causarte a ti o a otras más conflictos, empeorando la situación en que te encuentras o en que se encuentra la otra persona. Es importante que cuando te sientas que estas sobre cargado, cuando no pienses con claridad, busques de ayuda de un profesional de la conducta humana, para que poco a poco vaya ayudándote a sentirte mejor y puedas ver la vida de una manera más sana y apartada de problemas. Debes amarte como persona, ya que eres único y eso es lo que te distingue y te hace especial. Siempre debes recordarte que tienes la capacidad para superar esos percances de vida y que una vez los superes alcanzarás sabiduría, inteligencia y fortaleza para continuar y poder ayudarte y ayudar a otros una vez te sientas firme y fortalecido. Recuerda que la vida no se hace más fácil, sino que tú te haces más fuerte según vas superando los obstáculos que se te presentan en el diario vivir.

Nada Mejor Que Tener Paz y Ser Libre

Una vez sigas los consejos y recomendaciones que te he ofrecido en este libro, podrás tener las herramientas necesarias para comenzar tu travesía hacia la libertad. No hay nada mejor en la vida que tener libertad, derrumba esas barreras mentales y emocionales que te tienen encarcelado en un mundo de tristeza, enojo y desesperanza, está en ti el alcanzar esa eterna libertad. El conocimiento es poder y la libertad viene acompañada de ese poder, ya que te hace más fuerte e inteligente. Para alcanzar esa libertad añorada, debes leer, visitar otros lugares, conocer personas nuevas y positivas, estudiar cosas nuevas y de provecho, pero sobre todo debes comenzar a establecerte metas constantes, las cuales iras alcanzando día a día, según te lo vayas promoviendo.

A continuación, te proveo de un contrato, el cual puedes llenar y comenzar a permitirte comenzar el camino hacia el crecimiento y la paz interior.

Contrato Personal

Yo ________________________, me comprometo a comenzar el camino hacia mi crecimiento y paz interior, a través del mismo comenzaré a realizar las metas que me ayudarán a ser feliz.

Mientras vaya cumpliendo cada meta, me premiaré con las diferentes recompensas que identificaré. (Ej. Un viaje, ir a un restaurante, ir al cine, compartir con algunas amistades, otros).

_______________   _______________
     Nombre   Fecha

Recomendación para el Lector

Recomiendo que la lectura de este este libro se lleve a cabo mientras se combina con la lectura del libro escrito también por este servidor: "Frases de motivación", las cuales puedes leer de manera diaria y las cuales te motivarán y ayudarán a sentirte positivo en el comienzo y al final de cada día.

Fin del libro

Este es el final del libro, por lo que espero que el mismo le haya cambiado su vida, para bien, observando de manera más fácil, las experiencias positivas que todos los días se nos presentan. Le agradezco el haber tomado su apreciado tiempo, en leer este escrito, el cual escribí con mucho amor y dedicación. Deseo con todo el corazón haber ayudado en que su vida sea una más placentera y positiva. Les pido que, si este libro les ayudó, compartan el mismo con otras personas y seres queridos, de manera en que se beneficien de, al igual que ocurrió con usted. Finalizo por ahora, con el siguiente pensamiento, el cual siempre me ha gustado y en el que he basado mi vida: "siempre has el bien, sin mirar a quien".

¡Hasta luego amigo, te deseo todo el bien del mundo!

El Dr. Alberto J. Morales Aponte, se ha desempeñado como psicólogo, por casi una década, con más de 20 años de experiencia en el campo de la salud mental y ha trabajado sobre 12 años especializándose en intervenciones en crisis. El Dr. Morales ha intervenido, sobre 1,000 casos de personas con ideaciones suicidas, donde su pronta y efectiva intervención, ha podido evitar un trágico desenlace en dichas situaciones. Actualmente vive en Puerto Rico, donde continúa ejerciendo tan digna profesión. Para contactarlo, lo pueden hacer, a través, de su correo electrónico: psicologospr@yahoo.com, con mucho placer responderá sus mensajes.

www.ingramcontent.com/pod-product-compliance
Lightning Source LLC
Chambersburg PA
CBHW031234250726
48655CB00005B/1949